THETIS ET PELÉE,

TRAGEDIE

REPRÉSENTÉE PAR L'ACADEMIE ROYALE DE MUSIQUE;

Pour la premiere fois en 1689. Remise en 1708. & en 1723.

Nouvellement Remise le 19. Janvier 1736.

DE L'IMPRIMERIE

De JEAN-BAPTISTE-CHRISTOPHE BALLARD, Seul Imprimeur du Roy, & de l'Academie Royale de Musique.

M. DCC XXXVI.

AVEC PRIVILEGE DU ROY.

LE PRIX EST DE XXX. SOLS.

Acteurs Chantants dans les Chœurs du Prologue & de la Tragedie.

CÔTE' DU ROY.		CÔTE' DE LA REINE.	
Meſdemoiſelles	*Meſſieurs*	*Meſdemoiſelles*	*Meſſieurs*
Dun.	St. Martin.	Antier-C.	Le Myre.
	Lefebvre.		Morand.
Cartou.	Louette.	Thetelette.	Deſerre.
Ducoudray.	Marcelet.		Thurier.
	Deshais.	Charlard.	Dautrep.
Delorge.	Buſeau.		Galard.
	Fel.	Lavalée.	François.
Gouſſier.	Dupleſſis.	Deshaigles.	Houbault.
	Rimbault.		Bourque.
Varquin.	Grolier.	Bourbonois-C.	Bornet.

Le Recueil general des Paroles des Opera a préſentement quatorze Volumes, qu'on vend enſemble 35. liv.

On vend ſeparément les trois derniers, 9. liv.

On vient de donner auſſi *le Cinquiéme Livre des Parodies Nouvelles & des Vaudevilles Inconnus*, qu'on vend ſix livres, de même que chacun des précédents.

ACTEURS CHANTANTS DU PROLOGUE.

LA NUIT, Mlle. Eeremans.

LA VICTOIRE, Mlle. Monville.

Suite de la Victoire,

LE SOLEIL, Mr. Dumast.

LES HEURES.

ACTEURS DANSANTS.

SUITE DE LA VICTOIRE.

GUERRIERS;

Monſieur Malter-C.;

Meſſieurs Savar, Dumay, Matignon, P-Dumoulin, Dangeville.

SUITE DU SOLEIL.

LES HEURES;

Mademoiſelle Le Breton;

Meſdemoiſelles Fremicourt, Courcelle, Centuray, Thiery, Durocher, Carville.

PROLOGUE.

PROLOGUE.

Le Théatre représente une Nuit.

SCENE PREMIERE.

LA NUIT, dans son Char.

Chevons nôtre cours paisible,
Achevons de verser nos tranquilles pavots;
Mortels, dans vôtre sort pénible,
Le plus grand bien est le repos.

Goûtez ce calme heureux que le Destin vous laisse,
Le jour ne reviendra qu'avec trop de vîtesse;
Et mille soins divers
S'empareront de l'univers.

On entend un bruit de guerre.

Quel bruit interrompt le silence
De la terre & des cieux?
D'où vient que dans ces lieux
La Victoire s'avance?

SCENE II.

LA NUIT, LA VICTOIRE,
Suite de LA VICTOIRE.

CHOEUR DE LA VICTOIRE.

ALlons, allons, ne tardons pas,
Un jeune Heros nous appelle;
Allons le couronner dans l'horreur des combats,
La Victoire à jamais lui veut être fidelle,
Elle ſuivra toûjours ſes pas.

On commence à voir un peu de clarté.

LA VICTOIRE.

O Nuit! précipitez vôtre ſombre carriere,
Déja du Dieu du Jour un foible éclat nous luit;
Cédez à la lumiere,
Fuyez, fuyez, obſcure Nuit.

LA NUIT.

Il n'eſt pas temps encor que le Soleil me chaſſe:
O Ciel! par quelle nouveauté
Vient-il ſi-tôt prendre ma place,
Et faire briller ſa clarté?

La clarté augmente peu à peu.

CHOEUR.

O Nuit ! précipitez vôtre sombre carriere,
Voyez quel est déja cet éclat qui nous luit ;
Cédez à la lumiere,
Fuyez, fuyez, obscure Nuit.

LA NUIT.

Il faut céder, je ne puis m'en défendre,
Un trop grand éclat m'y réduit
Quel prodige doit-on attendre
Dans le jour qui me suit ?

LA VICTOIRE.

Le temps vous presse trop, vous ne pouvez l'apprendre.

CHOEUR.

Fuyez, fuyez, obscure Nuit.

LA NUIT se retire.

SCENE III.

LA VICTOIRE, & sa Suite.

On voit le Palais du SOLEIL qui commence à s'ouvrir.

LA VICTOIRE.

DU Palais du Soleil la barriere éclatante
S'ouvre de moment en moment.
Marquons au Dieu du Jour qui remplit nôtre attente,
Combien à nos regards ce spectacle est charmant.

Pendant que le Palais du SOLEIL acheve de s'ouvrir, la Suite de la VICTOIRE en marque sa joye par des danses.

SCENE IV.

LE SOLEIL, LES HEURES, LA VICTOIRE, & sa Suite.

LE SOLEIL.

Victoire, tu le vois, j'accomplis ma promesse,
A suivre tes desirs tu vois que je m'empresse,
L'ordre de l'univers, & d'éternelles loix
N'ont point de pouvoir qui m'arrête;
Je vais partir plutôt que je ne dois,
Pour éclairer la premiere conquête
Du Fils du plus puissant des Roys.

LA VICTOIRE.

Je ne puis te marquer trop de reconnoissance,
Soleil, quand tu réponds à mon impatience.

Un grand Roy m'a prescrit de voler en des lieux
Où son auguste Fils, d'un courage intrépide,
Expose des jours précieux,
Ma course n'est jamais plus prompte & plus rapide,
Que quand je suis les loix d'un Roy si glorieux.

LE SOLEIL.

Pendant quelques moments encore
Laissons briller l'Aurore,
Et j'entre en ma carriere avec la même ardeur
Qui posséde ton cœur.

Quel destin aujourd'huy commence !
Quelle brillante gloire aujourd'huy prend naissance !
Que de fameux exploits l'un à l'autre enchaînez
S'offrent, dans l'avenir, à mes yeux étonnez !
A ce Vainqueur nouveau mille ennemis se rendent,
Mille superbes murs tombent sous son effort.
Que vois-je ? quel illustre sort !
Il satisfait à tout ce que demandent
Et l'exemple qu'il suit, & le sang dont il sort.

On danse.

CHOEUR DE LA VICTOIRE.

Préparons, préparons nos palmes immortelles
Pour tant d'exploits guerriers ;
Pour des conquêtes si belles,
Préparons tous nos lauriers.

On danse.

LE SOLEIL, dans son Char.

à LA VICTOIRE.

Je commence mon cours, va, pars ainsi que moy,
Victoire, accordons-nous à servir un grand Roy.

LE SOLEIL part, & LA VICTOIRE s'envole.

FIN DU PROLOGUE.

ACTEURS
DE LA TRAGEDIE.

JUPITER,	Mr. Dun.
NEPTUNE,	Mr. Chassé.
MERCURE,	Mr. Dumast.
THETIS, *Déesse de la Mer*,	Mlle. Antier.
DORIS, *Nymphe de la Mer*,	Mlle. Eeremans.
CIDIPPE, *autre Nymphe*,	Mlle. Julye.
PROTE'E,	Mr. Person.
PELE'E, *Roy d'une partie de la Thessalie.*	Mr. Jelyot.
LES SIRENES,	Mlles. Bourbonnois-L. Bourbonnois-C.
UN TRITON, PROTE'E,	Mr. Person.
LE MINISTRE *du Destin*,	Mr. Dun.
UN PERSAN,	Mr. Cuvillier.
L'ORACLE,	Mr. Thurier.
LES TROIS EUMENIDES,	Mrs. Albert. Cuvillier. Dumast.
FLORE,	Mlle. Bourbonnois-L.

ACTEURS DANSANTS.

PREMIER ACTE.

SUITE DE NEPTUNE;

NEREIDES;

Mademoiſelle Mariette;
Meſdemoiſelles Petit, Thybert, Rabon, Durocher, Fremicourt, Le Breton, Courcelle.

TRITONS;

Monſieur Malter-3.;
Meſſieurs Matignon, P-Dumoulin, F-Dumoulin, Dangeville, Dumay, Dupré.

SECOND ACTE.

SUITE DE JUPITER;

L'EUROPE;

Meſſieurs Dupré, Malter-C.; Meſdemoiſelles Courcelle, Centuray.

L'ASIE;

Meſſieurs Savar, Dumay. Meſdemoiſelles Durocher, Carville.

L'AFFRIQUE;

Mademoiſelle Le Breton;
Meſſieurs Malter-L., Hamoche. Meſd. Thiery, Fremicourt.
Monſieur Dupré;

L'AMERIQUE;

Monſieur D-Dumoulin, Mademoiſelle Sallé;
Mademoiſelle Rabon;
Meſſieurs Bontemps, Matignon. Meſdemoiſelles Petit, Thybert.

TROISIE'ME ACTE.

SUITE DU DESTIN;

Messieurs Savar, P-Dumoulin, F-Dumoulin, Dumay, Dupré, Hamoche, Malter-L.

QUATRIE'ME ACTE.

VENTS;

Monsieur Javillier-L.;
Messieurs Matignon, Bontemps, Dupré, Dumay, Malter-L., Hamoche.

CINQUIE'ME ACTE.

SUITE DE FLORE.

BERGERS ET BERGERES;

*Mademoiselle Sallé;
Messieurs Malter-L., Hamoche, P-Dumoulin.
Mesdemoiselles Fremicourt, Courcelle, Thiery.

SUITE DE PAN.

FAUNES;

Messieurs Matignon, Bontemps, Dumay, Dupré.

SUITE DE BACCHUS;

Mesdemoiselles Thybert, Petit, Durocher, Rabon.

THETIS

THETIS ET PELÉE, TRAGEDIE.

ACTE PREMIER.

Le Theâtre représente le Palais de THETIS.

SCENE PREMIERE.

PELE'E.

Que mon destin est déplorable!
Envain à mes soupirs Thetis est favorable,
Helas! Neptune en est charmé.
La crainte que nous cause un Dieu si redoutable,
Tient toûjours dans nos cœurs ce beau feu renfermé.
Quelles sont tes rigueurs, Amour impitoyable!
Il est encor des maux pour un Amant aimé.

SCENE II.

DORIS, PELE'E, CIDIPPE.

DORIS.

QUoy, je vous trouve seul? Thetis attend Neptune;
Lorsqu'il vient à ses yeux faire briller sa Cour,
Il semble que d'un si beau jour
L'éclat vous importune?
La retraite ne plaît qu'à des cœurs pleins d'amour.

PELE'E.

Moy, Nymphe, j'aimerois? non, mon cœur est paisible,
Non, mon cœur n'est point enflâmé.

DORIS.

On dit d'un air moins animé,
Que l'on est insensible.

PELE'E.

Par le seul mot d'amour, vous m'avez allarmé.

DORIS.

C'est envain qu'un Amant tâche de se contraindre,
Envain il cache son ardeur;
Les efforts qu'il se fait pour feindre,
Trahissent, malgré-luy, le secret de son cœur.

J'ignore quel objet dans vôtre ame a fait naître
Des feux qui n'osent éclater;
Mais, vous aimez, j'ay sçû le reconnoître,
Ne cherchez point à m'en faire douter.

PELE'E.

J'aimerois, si l'amour sincere
Pouvoit s'assûrer d'être heureux;
Mais souvent les plus beaux feux
Trouvent un Objet sévere;
Souvent on prefere
L'Amant le moins amoureux.

Neptune aime Thetis, c'est à moy qu'il confie
Ses secrets sentiments;
Mais ses tourments
Me font voir sans envie
Le destin des Amants.

DORIS.

De quoy peut vous servir une feinte éternelle?
Roy des Thessaliens, fameux par vos exploits,
Vous aimez, vous serez fidele;
D'où vient que vous n'osez découvrir vôtre choix?

Avec une gloire éclatante,
Vous flaterez la vanité
D'une fiere beauté;
Avec une flâme constante,
Vous pourrez d'une indifferente

Vaincre la cruauté.
Avec une gloire éclatante,
Avec une flâme constante,
On est aisément écouté.

PELE'E.

Vous tâchez vainement d'animer mon courage,
Quand je serois Amant, croirois-je vos discours?
La crainte est toûjours
Le cruel partage
Des tendres amours.

DORIS.

L'espoir est toûjours
Le charmant partage
Des tendres amours.

ENSEMBLE.

La crainte / *L'espoir* } *est toûjours* { *le cruel* / *le charmant* } *partage*
Des tendres amours.

****

SCENE III.

THETIS, DORIS, PELE'E, CIDIPPE, NYMPHES de la Suite de THETIS.

DORIS.

DEesse, avec plaisir nous allons voir la fête,
Que le Dieu des Eaux vous apprête.

THETIS.

J'espere qu'en ce jour vôtre amitié pour moy
Vous fera partager l'honneur que je reçoy.

Symphonie qui annonce l'arrivée des Syrenes.

THETIS.

Mais nous voyons déja les Sirenes paroître,
Nous entendons leurs doux concerts.
Préparons-nous à voir bien-tôt le Maître
Des vastes mers.

SCENE IV.

THETIS, DORIS, PELE'E, LES TROIS SIRENES, NYMPHES de la Suite de THETIS, NEREIDES.

LES SYRENES.

Nos chants harmonieux forcent tout à se rendre,
Nous disposons des cœurs à nôtre gré:
Dès que nos voix se font entendre,
Nôtre triomphe est assuré.

Danse des NEREIDES.

LES SYRENES, à THETIS.

Prenez d'aimables chaînes,
Que nos Chansons ne soient pas vaines
Pour la premiere fois;
Est-il des rigueurs inhumaines
Pour un fidele amour, annoncé par nos voix?

SCENE V.

NEPTUNE, THETIS, PELE'E, TRITONS & FLEUVES de la Suite de NEPTUNE, DORIS, LES SYRENES, ET LES NEREIDES.

CHOEUR DE TRITONS ET DE FLEUVES.

EMpressons-nous à plaire au Dieu des ondes,
Il adore Thetis, adorons ses beaux yeux:
Les Amours descendront dans nos grottes profondes,
Ils regnent jusque dans ces lieux.

NEPTUNE, à THETIS.

Voyez, belle Déesse,
Voyez toute ma Cour vous marquer son transport.
Je vous soûmets par ma tendresse,
Tout ce qui m'est soûmis par les ordres du Sort.
Jupiter m'enleva le plus noble partage;
Mais l'Empire des mers, où je donne la loy,
Sur l'Empire des cieux doit avoir l'avantage,
Quand vous regnerez avec moy.

THETIS.

Je doute que du Sort la suprême puissance
M'ait destinée à cet honneur;
Mais je reçoy vos soins avec reconnoissance,
C'est le seul sentiment qui dépend de mon cœur.

NEPTUNE.

Je me flate que ma constance
Doit m'attirer un autre recompense;
Aimez, aimez à vôtre tour,
C'est l'amour seul qui peut payer l'amour.

Danse des Divinitez de la Mer.

LE CHOEUR.

Tout reconnoît l'Amour, tout se plaît dans ses chaînes,
Tout céde à ses loix souveraines;
Mais il n'est rien dans l'univers
Qui luy soit plus soûmis que l'empire des Mers.

UN TRITON.

C'est dans nos flots que Venus prit naissance,
Nous fûmes les premiers sous son obeissance;
La Mere d'Amour fit sur nous
L'essay de ses traits les plus doux.

On danse.

NEPTUNE, AUX DIVINITEZ.

Je suis content de vôtre zele,
Il ne sçauroit mieux éclater.

à THETIS.

Je vous quitte, aimable Immortelle,
Songez à la grandeur où vous pouvez monter;
Mais songez encor plus à mon amour fidele.

NEPTUNE sort avec les Divinitez de la mer.

SCENE VI.

PELE'E, THETIS.

PELE'E.

Je viens de soûtenir le spectacle fatal
Des hommages pompeux que vous rend mon Rival:
Pour me payer d'une peine si dure,
Vos plus tendres regards ne me sont-ils pas dûs?
Parlez, ou que du moins un soûpir me rassûre
Contre les soins que l'on vous a rendus.

THETIS.

Perdez une crainte importune:
Je viens d'apprendre encor, que mes foibles attraits
Vous donnent un Rival plus puissant que Neptune;
Et mon cœur est à vous plus qu'il n'y fut jamais.

PELE'E.

Ah! Jupiter est ce Rival terrible!

THETIS.

C'est luy qui va m'offrir des soûpirs superflus.

PELE'E.

Quoy! Jupiter pour vous est devenu sensible?
Ma peine étoit trop foible, & rien n'y manque plus.

Daignez

Daignez me pardonner ma crainte & mes allarmes;
Si j'en croyois les troubles que je sens,
Je me plaindrois de l'excès de vos charmes,
Lorsqu'ils me font des Rivaux si puissants.

THETIS.

Vous remportez des victoires nouvelles,
Quand je fais des Amants nouveaux:
Si mes conquêtes sont trop belles,
Vos triomphes en sont plus beaux.

PELE'E.

Je ne suis qu'un Mortel, c'est envain que j'espere;
Ces Dieux, empressez à vous plaire,
Me font sentir trop vivement
Que je suis un témeraire
D'oser être vôtre Amant.

THETIS.

Dans l'Empire d'amour on tient le rang suprême,
Dès que l'on sçait charmer:
Un Mortel qui se fait aimer,
Est égal à Jupiter même:
Dans l'Empire d'amour on tient le rang suprême,
Dès que l'on sçait charmer.

PELE'E.

Lorsque j'obtiens de vous un si doux sacrifice,
O Ciel! dans quels malheurs faut-il que je languisse!
J'esperois que l'hymen finiroit mon tourment,
Mais tout s'oppose à cet espoir charmant:
Plus vous m'aimez, plus je sens le supplice
D'être aimé vainement.

ENSEMBLE.

Faut-il que tout s'unisse
Contre de si beaux feux ?
Hélas ! quelle injustice !
Les plus tendres amours sont les plus malheureux.

THETIS.

Redoublons, s'il se peut, nôtre ardeur mutuelle ;
Par nôtre amour tâchons à surmonter
La fortune cruelle.

ENSEMBLE.

Aimons, c'est le seul bien qu'on ne peut nous ôter.

FIN DU PREMIER ACTE.

ACTE SECOND.

Le Theâtre représente un Rivage de la Mer.

SCENE PREMIERE.

DORIS, CIDIPPE.

CIDIPPE.

Vous suivez un penchant trop flateur & trop doux,
Je doute que Pelée ait de l'amour pour vous.
Son feu, s'il vous aimoit, craindroit moins de paroitre;
Ses soins seroient plus empressez;
Il vous tient des discours douteux, embarassez;
L'amour par ses regards ne se fait point connoître,
On l'aperçoit bien mieux
Dans vôtre bouche, & dans vos yeux.

DORIS.

Non, j'aime trop pour m'y pouvoir méprendre.

Des ſoins toûjours craintifs, un timide embarras,
Sont les effets de l'amour le plus tendre,
C'eſt en ſoûpirant tout bas
Qu'il ſe fait le mieux entendre.

CIDIPPE.

On croit facilement qu'on inſpire les feux
Que l'on reſſent ſoy-même;
On ſe flâte ſi-tôt qu'on aime,
Et tout paroit amour à des yeux amoureux.

DORIS.

Pelée aime en ſecret, tout marque ſa tendreſſe,
A quel objet ſes vœux pourroient-ils être offerts?
Il voit ſouvent Thetis; mais le ſoin qui le preſſe,
Eſt de ſervir le Dieu des Mers:
Il n'eſt pas ſon Rival auprès d'une Déeſſe.

Tout ſemble declarer
Que c'eſt moy qu'il adore;
Mais j'en crois mieux encore
Mon cœur qui m'en oſe aſſûrer.

CIDIPPE.

Ne ſeray-je point trop ſincere,
Si je vous avertis
D'un ſecret qui doit vous déplaire?
J'ay vû, dans un lieu ſolitaire,
Pelée entretenir Thetis.

Le hazard ſeul n'eût pû les y conduire,
Sans entendre leurs voix, je ſçûs aſſez m'inſtruire
De leurs mutuelles amours;
Par leurs regards j'entendis leurs diſcours.

DORIS.

Il aimeroit Thetis? Ciel! cet affreux ſupplice
Seroit-il reſervé pour ma ſecrette ardeur?
Mais je la voy; pour lire dans ſon cœur,
Je veux employer l'artifice.

SCENE II.

DORIS, THETIS, CIDIPPE.

DORIS.

DEeſſe, venez-vous ſur ce bord écarté,
Réver aux conquêtes brillantes
Que fait vôtre beauté?

THETIS.

Ce qui peut les rendre charmantes
N'eſt que la ſeule vanité.

Les Dieux ont peu d'amour, on ne doit point attendre
Que leur cœur tout entier s'en laiſſe poſſeder:
Ces Amants ſont aiſez à prendre,
Et difficiles à garder.

DORIS ET CIDIPPE.

Un tendre amour doit avoir l'avantage
Sur un rang éclatant :
Le plus glorieux hommage,
Est celuy d'un cœur constant.

DORIS.

Quelque fois un Mortel me jure
Qu'il est touché du pouvoir de mes yeux ;
Si j'en étois bien sûre,
Je le prefererois aux Dieux.

THETIS.

Et quel est cet Amant ? l'amitié vous engage
A me laisser entrer dans un secret si doux.

DORIS.

Pelée a pris des soins... Vous changez de visage ?
Pourquoy vous troublez-vous ?

THETIS.

J'ignorois qu'il fut dans vos chaînes,
Avec bien du mistere il a conduit ses feux.

DORIS,

L'amour discret cache ses peines,
Et l'objet même de ses vœux.

Mais je vois Mercure descendre :
Je croy que sans témoins vous le voulez entendre.

SCENE III.

MERCURE, THETIS.

MERCURE.

Jupiter, attiré par vos divins appas,
Va paroître icy-bas.

Quand Neptune vous rend les armes,
Ce triomphe pour vous est trop peu glorieux ;
L'Amour devoit à tant de charmes
La conquête d'un Dieu, maître des autres Dieux.

THETIS.

Je sçay que Jupiter tient tout sous son empire ;
Que les Dieux reverent ses loix :
Mercure, on n'a rien à me dire
Sur le respect que je lui dois.

SCENE IV.

THETIS.

TRistes honneurs, Gloire cruelle,
Ah! que vous me génez!
Tristes honneurs, Gloire cruelle,
Pourquoy m'êtes-vous destinez?

Mon Amant n'est qu'un infidelle!
Dieux! quel trouble saisit tous mes sens étonnez!
Le Perfide trahit une flâme si belle!
Helas! mes jours infortunez
Vont couler dans l'horreur d'une peine éternelle.

Tristes honneurs, Gloire cruelle,
Pourquoi m'êtes-vous destinez?

Vous qu'en ces lieux l'Amour appelle,
Retournez dans le Ciel, que vous abandonnez:
Laissez-moi m'occuper de ma douleur mortelle;
A de trop justes pleurs mes yeux sont condamnez.

Tristes honneurs, Gloire cruelle,
Pourquoy m'êtes-vous destinez?

SCENE V.

SCENE V.

PELE'E, THETIS.

PELE'E.

ENfin je vous revoy, quel bonheur pour ma flâme!
Que ces moments me semblent doux!

THETIS.

Allez chercher Doris, elle a touché vôtre ame,
Je sçay que vôtre cœur se partage entre-nous.

PELE'E.

O Ciel! que vous entens-je dire?
Quoy? lorsqu'à vôtre hymen vous souffrez que j'aspire...

THETIS.

Non, Ingrat, non, Perfide, il n'y faut plus penser.
Mon hymen t'eût comblé de gloire,
Mais il te plaît d'y renoncer
Par une trahison si noire.
Non, Ingrat, non, Perfide, il n'y faut plus penser.

PELE'E.

Ah! quels noms pleins d'horreur me faites-vous entendre?
Quel traitement, grands Dieux! & l'amour le plus tendre
Peut-il se l'être attiré?

THETIS.

Ton crime est trop assuré,
Tu ne sçaurois t'en deffendre.

Envain des plus grands Dieux j'avois touché le cœur,
Je te sacrifiois leur majesté suprême,
Et j'eusse encor voulu que Jupiter luy-même
Eût eu plus de grandeur:

Tu me fais cependant la plus cruelle injure,
Tu brûles pour d'autres appas;
Quel destin est le mien! helas!
C'est le sort d'une ardeur trop fidelle & trop pure,
De trouver toûjours des ingrats.

PELE'E.

Le croyez-vous, belle Déesse?
Quoy? vous m'aimez, & de vôtre tendresse
J'ignorerois le prix?
Quoy? vous m'aimez, & j'aimerois Doris?
Le croyez-vous, belle Déesse?
Ah! pour vous détromper d'un soupçon qui me blesse,
J'iray, même à vos yeux, l'accabler de mépris.

THETIS.

Ne croy pas m'éblouir par une fausse adresse.

On voit des éclairs, & on entend le tonnerre.

Mais je puis me vanger: Ces éclairs que je voy,
Ce tonnerre qui gronde,
M'annonçent le Maître du monde;
Je sçauray me forcer à recevoir sa foy.

Mon cœur s'est engagé sur l'apparence vaine
Des feux que tu feignis pour moy;
Et je veux l'en punir, en m'imposant la peine
D'en aimer un autre que toy.

PELE'E.

Et moy, je vais le voir ce Rival redoutable,
Pour attirer sur moy sa haine impitoyable,
Mon amour va se découvrir:
Je vous parois coupable,
Je ne cherche plus qu'à mourir.

THETIS.

Ah! que dis-tu? fuy sa présence,
Quitte des lieux pleins de danger.

PELE'E.

Si je vous ay pû faire une mortelle offense,
C'est au tonnerre à vous vanger.

THETIS.

Eloigne-toy, le bruit redouble,
Je ne puis plus te voir ici sans trouble.

PELE'E.

A me chasser vos efforts seront vains,
Si je ne vois finir vôtre injustice extrême.

THETIS.

Va, fuy, te montrer que je crains,
C'est te dire assez que je t'aime.

JUPITER descend du Ciel.

SCENE VI.

JUPITER, THETIS.

JUPITER.

DEesse, dans ces lieux mon amour me conduit
Avec tout l'éclat qui me suit ;
Pour d'autres beautez moins charmantes,
J'ay souvent emprunté des formes differentes :
Mais il faut que mes soins soient plus dignes de vous,
Il faut qu'à vos attraits mon hommage réponde ;
Et c'est comme Maître du monde,
Que je veux être à vos genoux.

THETIS.

Permettez que mon cœur prenne peu d'assurance,
Sur des soins trop flateurs que je n'attendois pas,
Je sçay quels sont mes appas,
Et quelle est vôtre constance.

JUPITER.

Il est vray que jusqu'à ce jour,
J'ay pris pour cent beautez un inconstant amour ;
Mais vôtre gloire en deviendra plus belle,
Lorsqu'à vos charmes seuls mes vœux seront offerts ;
Et vous triompherez de tant d'objets divers,
En me rendant fidelle.

Rien n'est plus doux que d'arrêter
Un cœur volage,
C'est un avantage
Dont vous devez vous flâter.

THETIS.

Rien n'eſt capable d'arrêter
Un cœur volage,
C'eſt un avantage
Dont on ne peut ſe flâter.

ENSEMBLE.

Rien n'eſt { plus doux que / capable } d'arrêter
Un cœur volage,
C'eſt un avantage
Dont { vous devez vous / on ne peut ſe } flâter.

JUPITER.

Vous refuſez de croire
Que mon cœur pour jamais ſoit ſous vôtre pouvoir,
Vous ignorez encor quelle eſt vôtre victoire :
Eh bien, vous allez le ſçavoir.

Changez-vous, Lieux ruſtiques,
En jardins magnifiques :
Et vous, Peuples divers,
Venez en un inſtant, & traverſez les airs.

Le Théatre change, & repréſente des Jardins; L'on voit paroître quatre Troupes de Peuples les plus differents, & les plus éloignez les uns des autres qui fuſſent connus du temps des Fables.

La premiere Troupe eſt de Grecs; la ſeconde de Perſes; la troiſiéme d'Ethiopiens; la quatriéme de Scythes.

SCENE VII.

JUPITER, THETIS, MERCURE, Troupes DE GRECS, DE PERSES, D'ETHIOPIENS, & de SCITHES.

JUPITER.

Vous, qui de tous les lieux que le Soleil éclaire
Par mes ordres puissants accourez à la fois,
Peuples, qui sous diverses loix
N'avez rien de commun que l'ardeur de me plaire,
Soyez attentifs à ma voix.

Vos vœux ne seront point desormais legitimes,
Je ne recevray point d'encens, ny de victimes,
Si le nom de Thetis n'est joint avec le mien:
Sans cet aimable nom je n'écoûte plus rien.

Thetis a sçû charmer le Maître du tonnerre,
Et le plus grand des Immortels;
Il faut que sur toute la terre
Elle partage ses Autels.

LE CHOEUR.

Thetis a sçû charmer, &c.

Les Grecs & les Perſes rendent leurs hommages à THETIS, par des danſes.

CHOEUR DES GRECS, & des PERSES.

Aimez, Déeſſe,
Tout vous en preſſe,
Rendez heureux
Jupiter amoureux.

Un Dieu puiſſant reçoit nos vœux ſans ceſſe,
Et de ce Dieu vous recevez les vœux.

Aimez, Déeſſe,
Tout vous en preſſe,
Rendez heureux
Jupiter amoureux.

De vos deſirs ſi la Gloire eſt maîtreſſe,
La Gloire même approuvera vos feux.

Aimez, Déeſſe,
Tout vous en preſſe,
Rendez heureux
Jupiter amoureux.

Danſe des Ethiopiens & des Scythes.

LES CHOEURS.

Que toutes nos voix ſe confondent,
Pour chanter de Thetis les triomphants appas.
Que tout les celebre icy-bas,
Que les cieux même nous répondent;

Le Souverain des Dieux veut à tout l'Univers
Vanter la gloire de ses fers.

Bruit de Tempête.

LES CHOEURS.

Quel bruit soudain nous épouvante!
Quelle tempête ! quelle horreur!
Les Vents sont déchaînez, & l'Onde menaçante
Répond aux Vents avec fureur.

NEPTUNE paroît sur la Mer.

****

SCENE VIII.

JUPITER, NEPTUNE, MERCURE, PEUPLES.

NEPTUNE.

De quels chants odieux retentit ce rivage?
Jupiter sçaït-il bien que c'est moy qu'il outrage?
A-t'il quitté les cieux, pour braver mon couroux,
En m'enlevant l'objet de mes vœux les plus doux?

JUPITER.

Oüy, jadore Thetis, & n'en fais point mystere,
Vous, si vous m'en croyez, Neptune, épargnez-vous
Les impuissants transports d'une vaine colere.

JUPITER sort suivi des Peuples.

SCENE IX.

SCENE IX.

NEPTUNE, MERCURE.

NEPTUNE sort de la Mer, & la tempête continuë.

NEPTUNE.

ME croit-il donc soûmis à ses commandements?
Quoy! me croit-il sous son obéïssance?
Ah! dans le juste éclat de mes ressentiments,
Mon bras se servira de toute sa puissance.
Je confondray les Elements;
J'exciteray mes flots, & par leur violence,
Je causeray par tout d'affreux débordements;
Et sur la terre entiere exerçant ma vangeance,
J'ébranleray ses fondements.

MERCURE.

S'il faut que Jupiter s'obstine
Dans l'amour dont il est blessé,
Je voy d'une affreuse ruine
L'univers menacé:
Songez à prevenir les maux que j'apprehende.
L'interest commun le demande.

NEPTUNE,

Ne croyez point m'intimider:
Non, non, que Jupiter se rende,
J'ay prévenu ses feux, c'est à luy de céder.

MERCURE.

Une puiſſance plus grande
Entre vous peut décider,
Conſultez le Deſtin : le Deſtin vous commande,
Son Arreſt doit vous accorder.
La fin de vos débats ne peut être plus prompte,
Vous ſçaurez qui des deux doit obtenir Thetis.

NEPTUNE.

J'y conſens : au Deſtin nous nous rendons ſans honte,
Il nous tient tous aſſujettis.

FIN DU SECOND ACTE.

ACTE TROISIÉME.

Le Theâtre représente le Temple du DESTIN.

SCENE PREMIERE.

LES MINISTRES DU DESTIN.

UN DES MINISTRES.

O Destin ! quelle puissance
Ne se soûmet pas à toy ?
Tout fléchit sous ta loy,
Tes ordres n'ont jamais trouvé de résistance.
O Destin ! quelle puissance
Ne se soûmet pas à toy ?

Malgré nous, tu nous entraînes
Où tu veux,
C'est toy qui nous amenes
Tous les évenemens heureux, ou malheureux :
Tu les as liez entr'eux
Avec d'invisibles chaînes ;
Par des moyens secrets
Ton pouvoir les prépare,
Et chaque instant declare
Quelqu'un de tes Arrests.

CHOEUR.

O Destin! quelle puissance
Ne se soûmet pas à toy?
Tout fléchit sous ta loy,
Tes ordres n'ont jamais trouvé de resistance.
O Destin! quelle puissance
Ne se soûmet pas à toy?

UN DES MINISTRES.

C'est envain qu'un Mortel pleure, gemit, soûpire,
Un Dieu voudroit envain t'opposer sa fierté,
Rien ne change les loix, qu'il te plaît de prescrire;
Ton inflexible dureté
Fait la grandeur de ton Empire,
Ton inflexible dureté
En fait la majesté.

SCENE II.

PELE'E, LES MINISTRES DU DESTIN.

PELE'E.

MInistres du Destin, je viens pour vous apprendre
Que dans ces lieux Neptune va se rendre;
Neptune vient vous consulter,
Quel spectacle plus doux peut jamais vous flater!

LE CHOEUR.

O Destin! quelle puissance
Ne se soûmet pas a toy?
Tout fléchit sous ta loy,
Tes ordres n'ont jamais trouvé de resistance.
O Destin! quelle puissance
Ne se soûmet pas à toy?

UN DES MINISTRES.

Les Dieux ont partagé le monde;
Et leur pouvoir est different;
Mais ton vaste Empire comprend
Les Cieux, l'Enfer, la Terre, & l'Onde.
Les Dieux ont partagé le monde;
Mais tu reünis tout sous un pouvoir plus grand.

PELE'E.

Daignez aussi sur mes peines secrettes
Des Arrests du Destin être les interpretes.

LE CHOEUR.

Nous ne répondons point aux Mortels curieux:
L'Oracle du Destin n'est que pour les grands Dieux.

Les Ministres sortent.

SCENE III.

PELE'E.

CIel ! en voyant ce Temple redoutable,
De quel fremissement je me sens agité !
C'est icy qu'il est arrêté,
Si je dois être heureux, ou miserable :
Cet ordre, quel qu'il soit, doit être executé ;
Mais l'Avenir impenetrable
Le cache encor dans son obscurité,
Quel doute insuportable !
Qu'un Amant en est tourmenté !

Inflexible Destin, dans tes loix éternelles
N'as-tu suivy qu'un aveugle hazard ?
Helas ! n'as-tu point eu d'égard
Pour les Amants fidelles ?

Non, non, je tâche envain à flater mes ennuis :
Par l'état où tu me réduis,
Je reconnois déja l'effet de tes caprices ;
Et n'exerces-tu pas toujours
Tes plus cruelles injustices
Sur les plus fideles amours ?

SCENE IV.

DORIS, PELE'E.

DORIS.

OU je me trompe, ou c'est vôtre tendresse
Qui dans ces lieux vous amene avec nous :
A l'Arrest du Destin vôtre cœur s'interesse ;
Mais je crains qu'il ne donne une aimable Déesse
A quelque Dieu, plutôt qu'à vous.

PELE'E.

Je ne crains, ni n'espere ;
L'avenir qui m'est préparé
Sçaura toujours me plaire,
Et le Destin peut faire
Ses Arrests à son gré.

DORIS.

Je connois vôtre flâme,
C'est envain que vous déguisez.

PELE'E.

Plus vous voulez penetrer dans mon ame,
Plus vous vous abusez.

SCENE V.

DORIS.

JE ne le vois que trop, mes feux ſont mépriſez.
J'ay crû que l'on m'aimoit, j'ay pris des eſperances
Sur de trop foibles apparences;
Ciel! quelle honte pour mon cœur,
D'être tombé dans une erreur ſi vaine!
Et quelle peine
De renoncer à cette douce erreur!

Mais que ſert ma plainte impuiſſante?
Il faut punir & ſe vanger:
Que par ſes maux l'Ingrat reſſente
Dans quels maux il m'a ſçû plonger.
Il faut punir & ſe vanger:
Tout ce que la fureur preſente
Eſt permis pour ſe ſoulager;
Il faut punir & ſe vanger.

SCENE VI.

NEPTUNE, DORIS, Suite de NEPTUNE.

NEPTUNE.

QV'on ne me ſuive plus, allez que l'on m'attende,
Je veux que ſans témoins cet Oracle ſe rende.

SCENE VII.

SCENE VII.

NEPTUNE.

CEdez pour quelque temps importune Grandeur ;
Cedez au tendre amour, qui regne dans mon cœur.

Moy, que les vastes Mers reconnoissent pour maître,
Je viens en tremblant reconnoître
Un plus grand pouvoir dans ces lieux.
L'Amour, qui m'y reduit, sçait abaisser les Dieux,
Sa force contre nous affecte de paroître.

Cédez, pour quelque temps, &c.

SCENE VIII.

UN MINISTRE DU DESTIN, NEPTUNE.

UN DES MINISTRES.

DIeu de la Mer, quel sujet vous amene?

NEPTUNE.

Mon amour pour Thetis cause toute ma peine,

Jupiter vient troubler mes feux,
Prononcez qui de nous verra remplir ses vœux.

LE MINISTRE.

Destin, un grand Dieu te demande
Quel succès tu veux qu'il attende,
Dans tes secrets il cherche à pénétrer;
Daigneras-tu les déclarer?

LE MINISTRE, saisi tout à coup d'une espece d'enthousiasme.

Qu'un respect plein d'épouvante
Fasse tout trembler;
L'Avenir va se revéler.
Que tout l'univers ressente
Un respect plein d'épouvante;
Le Destin est prêt à parler.

CHOEUR, *Qu'un respect*, &c.

ORACLE.

Ecoûtez, Dieu de l'Onde,
Tout ce que le Destin permet qu'on vous réponde;
L'Epoux de la belle Thetis
Doit être un jour moins grand, moins puissant que son Fils;
Tout le reste est caché dans une nuit profonde.

NEPTUNE.

Ah! quel Oracle je reçoy!
Quel Arrest menaçant! quelle funeste loy!

FIN DU TROISIE'ME ACTE.

ACTE QUATRIÉME.

Le Theátre repréſente un lieu deſert au bord de la Mer.

SCENE PREMIERE.

JUPITER, DORIS.

JUPITER.

Ans quel étonnement vôtre diſcours me jette !
Thetis pourroit brûler d'une flâme ſecrete !
Neptune à Jupiter eſt-il donc preferé ?

DORIS.

Non, un ſimple Mortel, Pelée eſt adoré.
Je viens de voir encor ces deux Amants enſemble,
Ils ſe cherchent par tout, & ſe trouvent toûjours.

JUPITER.

Quoy ! lorſque ſous mes loix il n'eſt rien qui ne tremble,
Un Mortel oſeroit traverſer mes amours ?

DORIS.

Thetis vient en ces lieux, & vous pouvez vous-même
Vous éclaircir dans cet inſtant.

SCENE II.

JUPITER THETIS.

JUPITER.

DEesse, expliquez-vous sur le sort qui m'attend.
Jupiter ne veut point que sa grandeur suprême
Luy fasse auprès de vous un mérite éclatant,
Il ne veut s'en servir qu'à prouver qu'il vous aime,
En vous la soumettant.

THETIS.

Neptune, ainsi que vous, prétend à ma tendresse;
Il est le Dieu des Mers, j'en suis une Déesse,
Je dois redouter son couroux:
Il ne m'est pas permis de choisir entre vous.

JUPITER.

Tant d'égards, tant de prévoyance
Sont des effets d'indifference,
Ces timides ménagements
Ne sont pas faits pour les Amants.

THETIS.

Vous sçavez quelle est ma fortune,
Le Destin m'a soumise au Maître de la Mer.

JUPITER.

Si vous aimiez Jupiter,
Vous crainderiez moins Neptune.
Mais que nous veut Protée? il le faut écoûter.

SCENE III.

PROTE'E, THETIS, JUPITER.

PROTE'E, à JUPITER.

NEptune m'a chargé de venir vous apprendre
Qu'à l'hymen de Thetis il cesse de pretendre,
Qu'il n'a plus le dessein de vous la disputer.

JUPITER.

Quel bonheur imprévû vient icy me surprendre?
Ah! ma reconnoissance aura soin d'éclater:
Dis-luy qu'il en doit tout attendre.

SCENE IV.

JUPITER, THETIS.

JUPITER.

RIen n'est donc plus contraire au succès de mes vœux,
Vous m'opposiez un obstacle qui cesse.
Mais, que vois-je, Thetis? quelle sombre tristesse
Dans le moment que tout céde à mes feux?
Pour m'assurer de tout ce trouble doit suffire,
Un fidele raport...

THETIS.

Quoy ? Qu'à-t-on pû vous dire.

JUPITER.

Que Pelée en secret....

THETIS.

Non , ne le croyez pas.

Non , si son cœur soûpire ,
C'est pour d'autres appas ,
Non , ne le croyez pas.

JUPITER.

Je vois que vous étes coupable ,
Vous vous justifiez d'un air trop empressé.
Vôtre cœur s'est donc abaissé
Aux vœux d'un Mortel méprisable ?
Lorsque je soûpirois pour vous ,
Je rendois seulement son triomphe plus doux.
Par une trompeuse apparence
Vous imposiez à cet amour fatal ,
Qui tenoit Jupiter sous vôtre obeïssance ;
Non , je n'auray pas trop de toute ma puissance ,
Pour punir , à mon gré , mon odieux Rival.

THETIS.

Ciel ! que viens-je d'entendre ?
Est-ce-là cet amour si soûmis & si tendre ?

JUPITER.

Par de cruels mépris vous osez m'irriter,
Et vous avez recours à mon amour extrême,
Quand ma fureur est prête d'éclater?
Tremblez, c'est cet amour luy-même
Que vous avez à redouter.

SCENE V.

THETIS.

QUelle horreur m'environne, & quel effroy me glace!
Quels abîmes de maux s'ouvrent devant mes yeux!
Helas! c'est mon Amant que Jupiter menace,
Quels traits peut nous lancer le Souverain des Dieux?

Ah! je le voy déja, je le voy qui prépare
Ses plus terribles coups.
Trop funestes appas, pourquoy m'attirez-vous,
Sous le doux nom d'amour, cette haine barbare,
Et cet implacable courroux?

SCENE VI.

THETIS, PELE'E.

THETIS.

AH ! Pelée, apprenez tous les malheurs ensemble ;
Jupiter sçait enfin nos secretes amours.
Vous diray-je encor plus ? Ciel ! je frémis, je tremble,
Jupiter menace vos jours.
Quoy ? de vôtre peril la funeste nouvelle
Ne vous inspire pas d'effroy ?

PELE'E.

Jupiter en fureur ne peut rien contre moy ;
Vous êtes immortelle.

THETIS.

Si vous ne craignez pas pour vous,
Craignez du moins pour une Amante :
Peut-on vous porter des coups
Que mon ame ne ressente ?

PELE'E.

Que vôtre tendresse est charmante,
Et que mon trépas sera doux !
L'ennemy qui nous tourmente
Luy-même en sera jaloux.

THETIS.

Craignez du moins pour une Amante,
Si vous ne craignez pas pour vous.

Quel seroit mon destin? vous cesseriez de vivre,
Et moy, je ne pourrois recourir au trépas!
Si je pouvois vous suivre,
Je ne me plaindrois pas.

ENSEMBLE.

Helas! de quelles flâmes
Nous perdons les douceurs!

Quel amour enchantoit nos ames!
Quel amour unissoit nos cœurs:

Helas! de quelles flâmes
Nous perdons les douceurs!

THETIS.

Mais, quels bruits pleins d'horreur troublent mes sens timides?
Tous les Vents rassemblez fremissent dans les airs.

PELE'E.

Je voy sortir des enfers
Les cruelles Euménides.

THETIS.

Ah! c'en est fait, je vous perds.

SCENE VII.

THETIS, PELE'E, LES TROIS EUMENIDES, LES VENTS.

Les Vents arrivent en formant des especes de tourbillons au tour de PELE'E avec des actions menaçantes.

UNE EUMENIDE.

Pelée, il faut aller sur ce rocher funeste,
Où dans un tourment éternel
Gemit le fameux Criminel
Qui déroba le feu celeste.

Partez, Vents, & l'emportez
Dans ces lieux si redoutez.

Les Vents vont pour enlever PELE'E.

THETIS.

Accablez-moy plutôt des plus affreuses peines :
Arrêtez, Cruels, arrêtez.

LES EUMENIDES.

Déesse, vos larmes sont vaines,
Vos cris ne sont point écoûtez :
Les loix de Jupiter sont des loix souveraines ;
Il faut suivre ses volontez.

Les Vents vont encor pour enlever PELE'E.

THETIS.

Arrêtez, Cruels, arrêtez.

PELE'E, à THETIS.

Laissez-moy d'un Rival devenir la victime.
Puisqu'un tendre amour est un crime;
Quels rigoureux tourments n'ay-je pas méritez?

UNE EUMENIDE.

Vents, ne differez plus, obeissez, partez.

Les Vents enlevent PELE'E.

SCENE VIII.

THETIS, LES EUMENIDES.

THETIS.

QVoy! toute la Nature
A ce spectacle affreux ne fremit-elle pas!
Soleil, retourne sur tes pas,
Plonge-nous pour jamais, dans une nuit obscure;
Dieux immortels, unissez-vous
Contre un Tiran qui nous opprime tous.

FIN DU QUATRIE'ME ACTE.

ACTE CINQUIÉME.

La Décoration est la même que dans l'Acte précédent.

SCENE PREMIERE.

JUPITER, MERCURE.

MERCURE.

N'En doutez point, Neptune à sa flâme renonce
Sur l'Oracle qu'icy je vous ay raporté,
J'ay voulu du Destin apprendre la réponse;
Par mes avis il l'avoit consulté.

JUPITER.

Quel Oracle cruel! que je suis agité!

J'ay puni mon Rival, Thetis ambitieuse
Auroit pû l'oublier après quelques soûpirs;
Mais d'un Fils trop puissant la naissance odieuse
Seroit l'effet de mes desirs.

Mon trouble est extrême,
Vous m'entraînez tour à tour,
Trop charmant Amour,
Doux attraits du rang suprême.
Helas! faut-il que dans mon cœur,
Dans le cœur de Jupiter même,
L'amour balance la grandeur?

MERCURE.

Le cœur de Jupiter n'est fait que pour la gloire,
L'Amour n'y peut long-temps disputer la victoire.

JUPITER.

Non, il ne la dispute plus,
C'en est fait, ses nœuds sont rompus.

Pour monter sur ce trône où le Ciel me revere,
J'en fis tomber mon Pere,
Un Fils ambitieux le vangeroit sur moy,
Je connois les desirs qu'un si beau rang inspire;
Mon propre exemple doit suffire
Pour me remplir d'effroy.

Mais quel souvenir me retrace
Des charmes trop doux & trop chers?
Ma grandeur disparoît, tout son éclat s'éfface;
Faudra-t-il succomber, & rentrer dans mes fers?

SCENE II.

THETIS, JUPITER, MERCURE.

THETIS.

DU Souverain des Dieux j'implore la clemence.
Rendez-vous aux tourments affreux,
Dont j'éprouve la violence :
S'ils étoient moins cruels, j'aurois moins d'esperance
De toucher un cœur généreux :
Plus vous aimez, plus ma constance
Doit flechir un cœur amoureux.

Rendez-vous aux tourmens affreux
Dont j'éprouve la violence :
Epargnez seulement les jours d'un malheureux,
J'accepte pour supplice une éternelle absence ;
N'est-il pas assez rigoureux ?

Rendez-vous aux tourments affreux
Dont j'éprouve la violence.

SCENE III.

JUPITER, MERCURE, THETIS, DORIS.

DORIS, à JUPITER.

UN juste repentir m'agite & me tourmente.
J'ay troublé deux Amants dans leur flâme innocente,
J'ay poussé vôtre bras & j'ay conduit vos traits:
Que ne puis-je du moins, par ma douleur pressante,
Réparer les maux que j'ay faits?

THETIS, MERCURE, DORIS.

Que votre haine cesse,
Laissez-vous émouvoir.

MERCURE.

La gloire vous en presse.

THETIS ET DORIS.

L'Amour même, l'Amour vous en fait un devoir.

JUPITER.

Vents, partez, & que la Déesse
Revoye en ce moment l'Objet de sa tendresse.

DORIS sort.

THETIS.

Ah! quel genereux retour!
Quel bonheur pour mon amour!

SCENE IV.

JUPITER, MERCURE, THETIS, LES VENTS ramenent PELE'E.

THETIS, à PELE'E.

PElée, à mes soupirs Jupiter a fait grace,
De son plus fier couroux sa bonté prend la place.

PELE'E, à JUPITER.

Maître de l'Univers, quels autels, quels encens
Acquiteront jamais nos cœurs reconnoissants ?

JUPITER.

Vôtre amour est content, un doux succès le flate ;
Mais il faut que ma gloire en ce beau jour éclate,
Je veux que vôtre hymen se célébre à mes yeux,
Je veux que ce lieu s'embellisse,
Et qu'une fête y réunisse
Les Dieux les plus puissants de la terre & des cieux.

Le Théatre change, & représente l'appareil du Festin des Noces de THETIS & PELE'E. Les Dieux Celestes sont placez de tous côtez sur des nüages, & les Dieux Terrestres sont en bas.

SCENE DERNIERE.

SCENE DERNIERE.

JUPITER, THETIS, PELE'E, DORIS, Troupes DE DIEUX Celestes & Terrestres.

JUPITER.

ECoûtez-moy, Troupe Immortelle,
Quand l'Amour à Thetis me fit rendre des soins,
Une flâme si belle
Eut tous les Mortels pour témoins.
Mais j'ay sacrifié mon amour à ma gloire,
Je céde à mon Rival ce que j'aime le mieux:
Je veux avoir tous les Dieux
Pour témoins de ma victoire

DIEUX DU CIEL.

Célébrons tous, par des concerts charmants,
Du Souverain des Dieux le triomphe suprême.

DIEUX DE LA TERRE.

Célébrons le bonheur extrême
De deux parfaits Amants.

DIEUX DU CIEL.

Quels honneurs Jupiter ne doit-il pas attendre?

DIEUX DE LA TERRE.

Que ces heureux Amants sont charmez en ce jour!

DIEUX DU CIEL.

Qu'il est beau de vaincre l'Amour?

DIEUX DE LA TERRE.

Qu'il est doux de s'y rendre?

TOUS LES DIEUX.

Célébrons tous, par des concerts charmants,
Du Souverain des Dieux le triomphe ſuprême,
Célébrons le bonheur extrême
De deux parfaits Amants.

Les Dieux Terreſtres ſe partagent en trois Quadrilles.

LA PREMIERE eſt celle de VERTUMNE & de FLORE, ſuivis de Bergers & de Bergeres.

LA SECONDE eſt celle de PAN & de PALE'S, avec les Faunes & les Silvains.

LA TROISIE'ME eſt celle de BACCHUS & de ſes Ménades.

FLORE.

Tous vos vœux ſont ſatisfaits,
Amants, ne changez jamais.
Une flâme contente
N'en doit pas être moins ardente,
L'Amour ne vous rend pas heureux,
Pour vous rendre moins amoureux.
Que toûjours les Zephirs & Flore
Vous trouvent à leur retour
Plus charmez encore
D'un mutuel amour.

DORIS.

Quittez le reste de la Terre,
Volez Amours, dans ces beaux lieux;
Vos traits y sont victorieux,
Et du Trident & du Tonnerre,
Quittez le reste de la Terre
Volez, Amours, dans ces beaux lieux;

Quand on combat avec vos armes,
On triomphe des Immortels;
Les Dieux même adorent vos charmes,
Et leur élevent des Autels.
Quittez le reste de la Terre,
Volez Amours, dans ces beaux lieux.

TOUS LES DIEUX.

Vivez heureux, tendres Amants,
Vivez, vivez heureux, oubliez vos tourments:
Un beau nœud vous unit, joüissez de ses charmes;
Vous les avez payez par toutes vos allarmes.
Du sort des plus grands Dieux ne soyez point jaloux;
Ils ont peu de plaisirs, s'ils n'aiment comme vous.

FIN DU CINQUIE'ME ET DERNIER ACTE.

APROBATION.

J'AY lû par Ordre de Monseigneur le Garde des Sceaux, *Thetis & Pelée, Tragedie;* & j'ay cru que l'Impression en seroit reçeu avec plaisir, ce 18. Decembre 1735. *Signé* GALLYOT.

PRIVILEGE DU ROY.

LOUIS par la grace de Dieu, Roy de France & de Navarre : A nos amez & feaux Conseillers, les Gens tenans nos Cours de Parlement, Maîtres des Requêtes ordinaires de nôtre Hôtel, Grand Conseil, Prevôt de Paris, Baillifs, Sénéchaux, leurs Lieutenans-Civils, & autres nos Justiciers qu'il appartiendra, Salut. Nôtre cher & bien amé le Sieur LOUIS-ARMAND EUGENE DE THURET, cy-devant Capitaine au Regiment de Picardie ; Nous a fait représenter que, par Arrest de nôtre Conseil du 30. May 1733. Nous avons revoqué le Privilege qui avoit été accordé au Sieur le Comte & ses Associez, pour raison de l'Academie Royale de Musique, ses circonstances & dépendances, & rétablit ledit Privilege en faveur dudit Sieur Exposant, pour en joüir par luy, ses Associez, Cessionnaires & Ayans-cause aux charges & conditions portées par ledit Arrest, pendant le temps & espace de vingt-neuf années, à compter du premier Avril de ladite année 1733 & que pour l'exploitation dudit Privilege, ledit Sieur Exposant se trouve obligé de faire imprimer & graver les Paroles & la Musique des Opera qui doivent être représentez ; mais que pour cet effet il a besoin de nôtre permission & des Lettres qu'il Nous a tres-humblement fait supplier de luy accorder. A CES CAUSES, voulant favorablement traiter ledit Exposant : Nous luy avons permis & permettons par ces Presentes de faire imprimer & graver *les Paroles & Musique des Opera*, *Ballets & Fêtes qui ont été ou qui seront représentez par l'Academie Royale de Musique*, *tant séparément que conjointement* en tels Volumes, forme, marge, caractere, & autant de fois que bon luy semblera, & de les faire vendre & débiter par tout nôtre Royaume, pendant le temps de vingt-neuf années consecutives, à compter du jour de la datte desdites Presentes. Faisons défenses à toutes personnes, de quelque qualité & condition qu'elles soient d'en introduire d'Impression ou Gravûre Etrangere dans aucun lieu de nôtre obéïssance : Comme aussi à tous Imprimeurs, Libraires, Graveurs, Imprimeurs, Marchands en Taille-Douce, & autres de graver, ny faire graver, imprimer, ou faire imprimer, vendre, faire vendre, débiter ny contrefaire lesdites Impressions, Planches & Figures, de Paroles, de Musique des Opera, Ballets & Fêtes, qui ont été ou qui seront representez par ladite Academie Royale de Musique, tant separément que conjointement en tout ny en partie, sans la permission expresse & par écrit dudit Sieur Exposant, ou de ceux qui auront droit de luy ; à peine de confiscation, tant des Planches & Figures, que des Exemplaires contrefaits & des Ustanciles qui auront servy à ladite contrefaçon, que Nous entendons être saisis en quelque lieu qu'ils soient trouvez ; de dix mille livres d'amende contre chacun des Contrevenans, dont un tiers à Nous, un tiers à l'Hôtel-Dieu de Paris, l'autre tiers audit Sieur Exposant, & de tous dépens, dommages & interests, à la charge que ces Presentes seront enregistrées tout au long sur le Registre de la Communauté des Libraires & Imprimeurs de Paris, dans trois Mois de la datte d'icelles ; Que la Gravûre & Impression desdites Paroles & Opera sera faite dans nôtre Royaume & non ailleurs, en bon papier & beaux caracteres, conformément aux Reglemens de la Librairie, & notamment à celui du dix Avril 1725. & qu'avant que de les exposer en vente, les Manuscrits gravez ou imprimez seront remis dans le même état où les Aprobations, auront été données és mains de nôtre tres-cher & feal Chevalier Garde des Sceaux de France, le Sieur Chauvelin ; & qu'il en sera ensuite remis deux Exemplaires de chacun dans nôtre Bibliotheque publique, un dans celle de nôtre Château du Louvre, & un dans celle de nôtre tres-cher & feal Chevalier Garde des Sceaux de France, le Sieur Chauvelin ; Le tout à peine de nullité des Presentes ; Du contenu desquelles Vous mandons & enjoignons de faire joüir ledit Sieur Exposant, ou ses Ayants-cause, pleinement & paisiblement sans souffrir qu'il leur soit fait aucun trouble ou empeschement. Voulons que la Copie desdites Presentes, qui sera imprimée tout au long au commencement ou à la fin desdites Paroles ou Opera, soit tenuë pour dûëment signifiée ; & qu'aux Copies collationnées par l'un de nos amez & feaux Conseillers & Secretaires, foy soit ajoûtée comme à l'Original. Commandons au premier nôtre Huissier ou Sergent, de faire pour l'execution d'icelles tous Actes requis & necessaires, sans demander autre permission, & nonobstant Clameur de Haro, Charte Normande & Lettres à ce contraires. CAR tel est nôtre plaisir. DONNE' à Fontainebleau le douziéme jour de Novembre, l'An de Grace mil sept cent trente-quatre, & de nôtre Regne le vingtiéme ; *Et plus bas*, Par le Roy en son Conseil. *Signé* SAINSON, avec paraphe.

J'ay cedé à M. BALLARD le present Privilege, suivant le Traité fait avec luy le premier Septembre 1730. A Paris ce 23. Novembre 1734. DE THURET.

Registré ensemble la Cession sur le Registre VIII. de la Chambre Royale des Libraires & Imprimeurs de Paris. N. 707. *fol.* 779. *conformément aux anciens Reglemens confirmez par celuy du 28. Fevrier* 1723. *A Paris le* 23. *Novembre* 1734. G. MARTIN, Syndic.

www.ingramcontent.com/pod-product-compliance
Lightning Source LLC
La Vergne TN
LVHW010001230826
846092LV00002B/596